This Journal Belongs To:

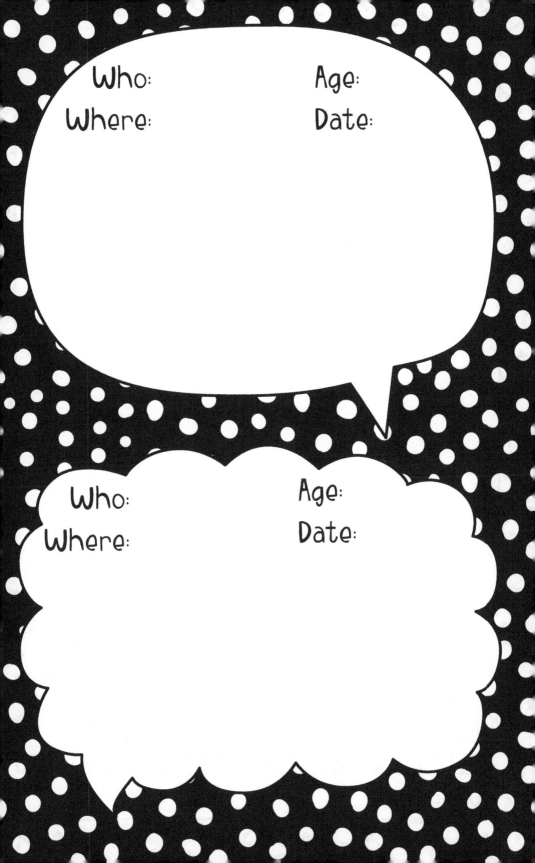

Who:

Age: Date:

Where:

Who:

Where:

Age:

Date:

Who:

Where:

Age:

Date:

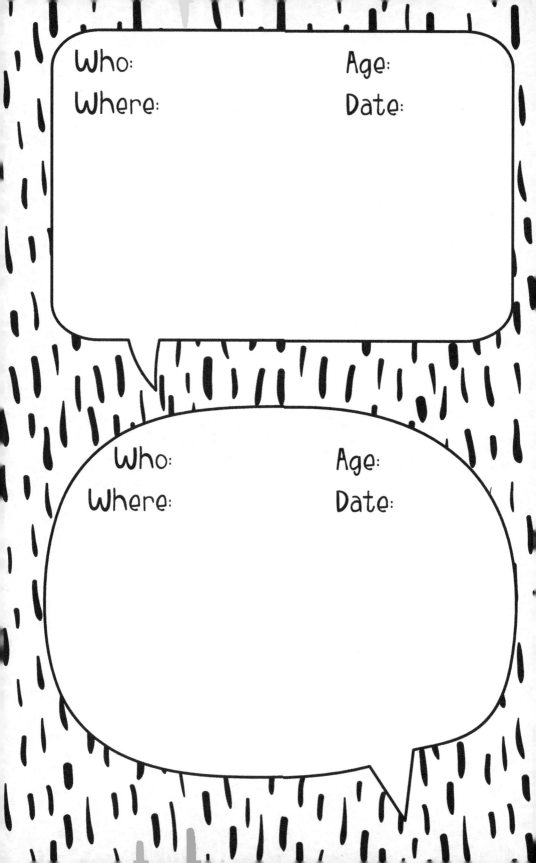

Who: Age:
Where: Date:

Who: Age:
Where: Date:

Who: Age:

Where: Date:

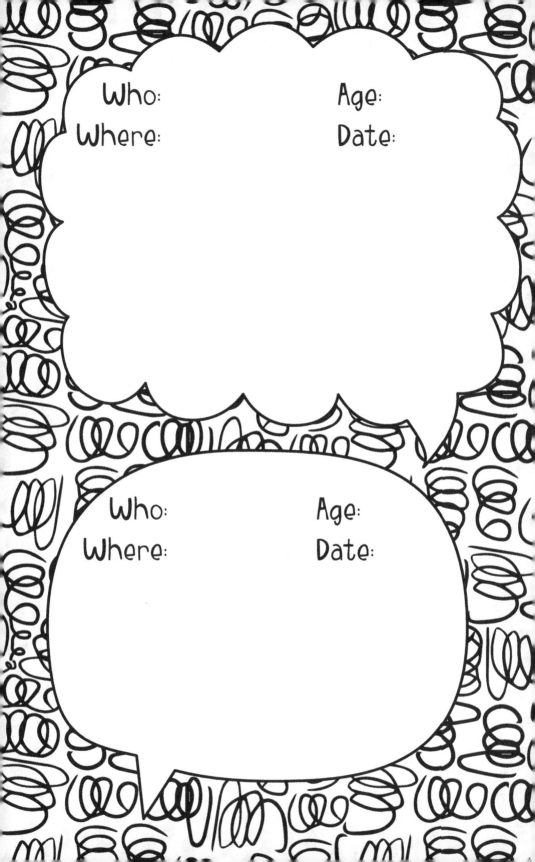

Who: Age:

Where: Date:

Who: Age:

Where: Date:

Who: _____ **Age:** _____

Where: _____ **Date:** _____

Who:

Where:

Age:

Date:

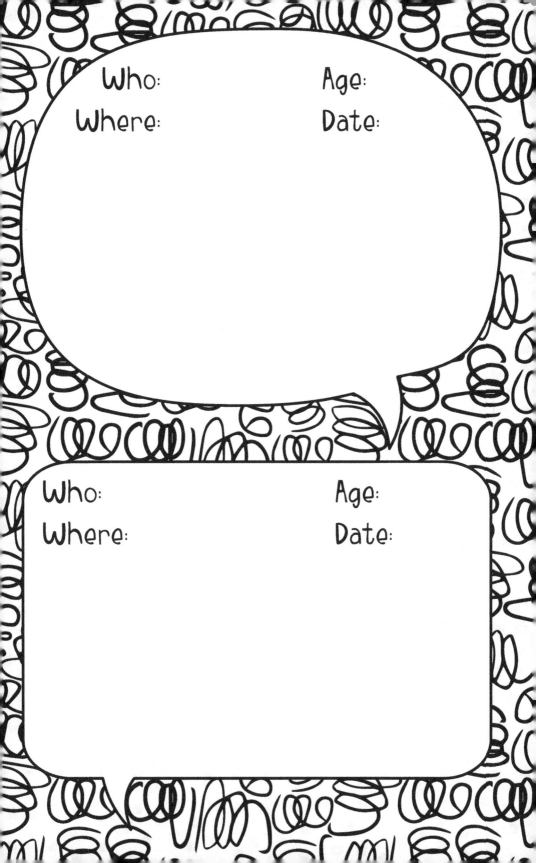

Who: Age:
Where: Date:

Who: Age:
Where: Date:

Who: Age:

Where: Date:

Who: Age:

Where: Date:

Who: Age:

Where: Date:

Who: Age:

Where: Date:

Who: Age:

Where: Date:

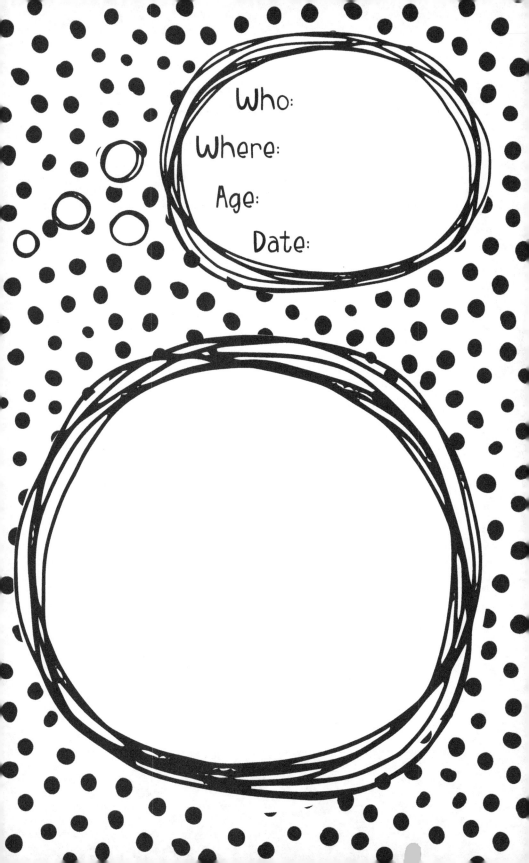

Who:

Where:

Age:

Date:

Who: Age:

Where: Date:

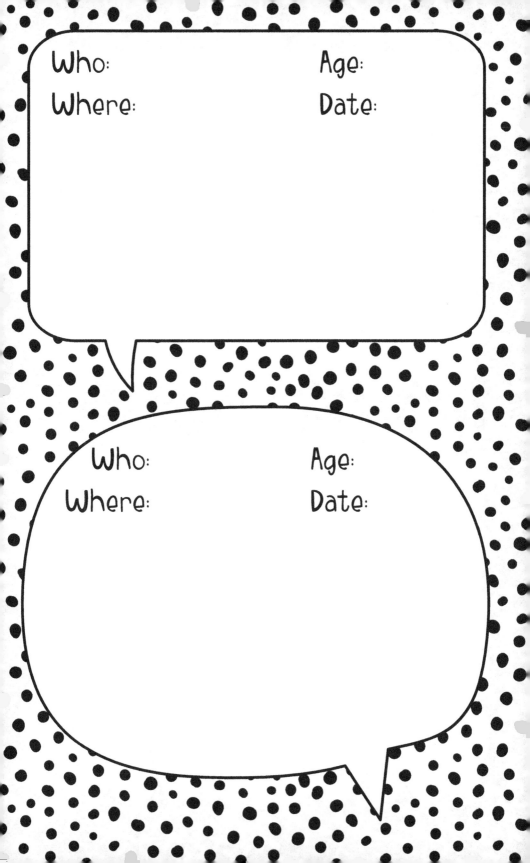

Who: Age:
Where: Date:

Who: Age:
Where: Date:

Who: Age:

Where: Date:

Who: Age:

Where: Date:

Who:

Age: Date:

Where:

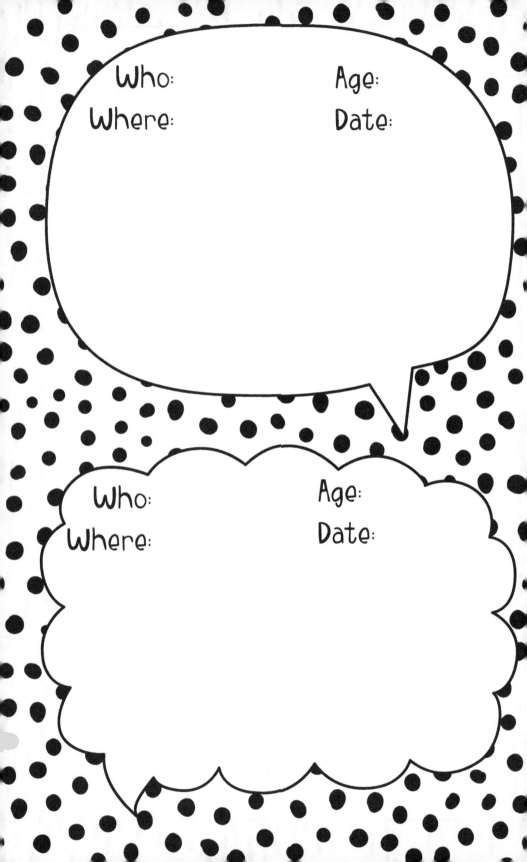

Who: Age:

Where: Date:

Who: Age:
Where: Date:

Who: Age:
Where: Date:

Who:

Age:

Where:

Date:

Who: Age:
Where: Date:

Who: Age:
Where: Date:

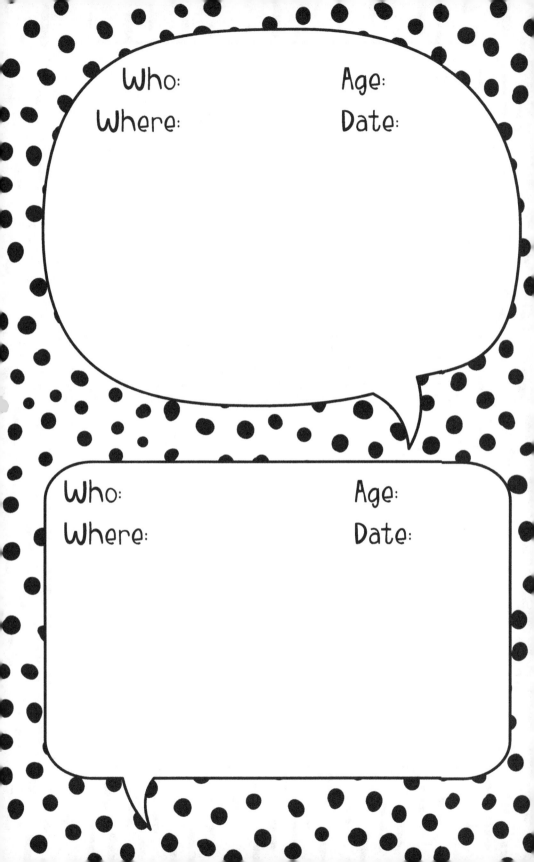

Who: Age:

Where: Date:

Who: Age:

Where: Date:

Who: Age:

Where: Date:

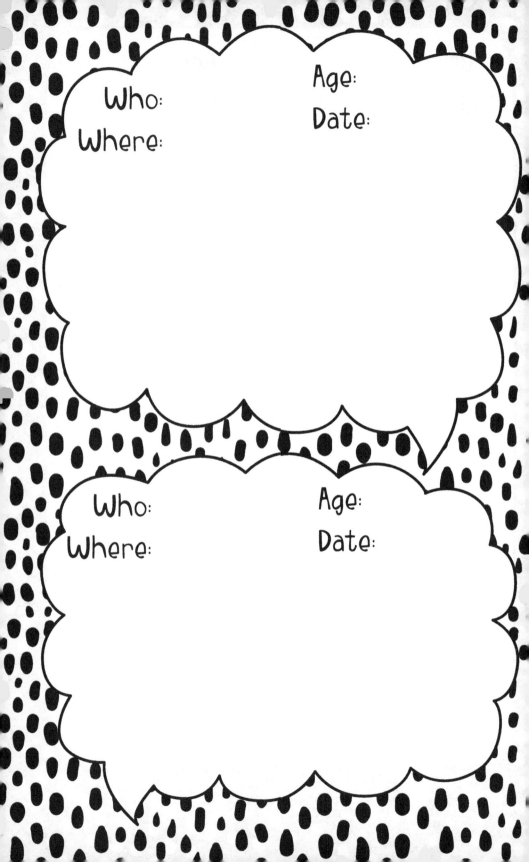

Who:

Where:

Age:

Date:

Who:

Where:

Age:

Date:

Who:

Age: Date:

Where:

Who: Age:

Where: Date:

Who: **Age:**

Where: **Date:**

Who:

Age: Date:

Where:

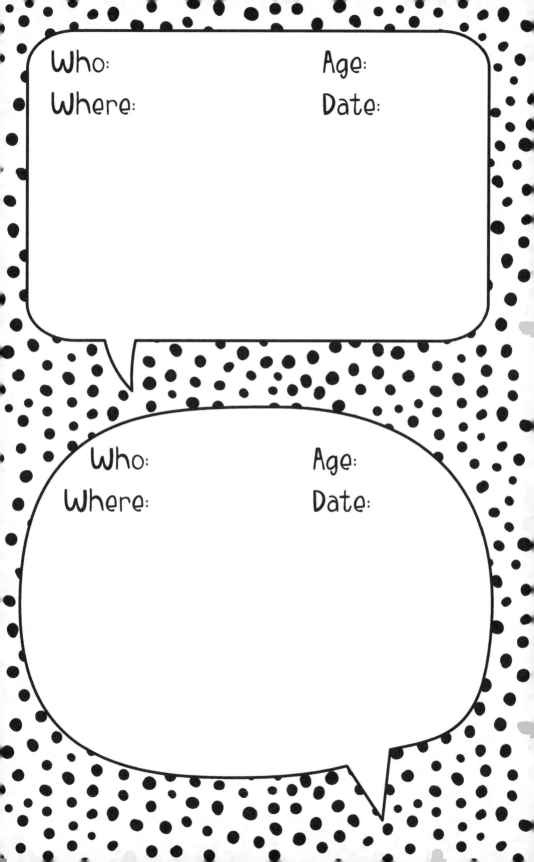

Who: Age:
Where: Date:

Who: Age:
Where: Date:

Who:

Age: Date:

Where:

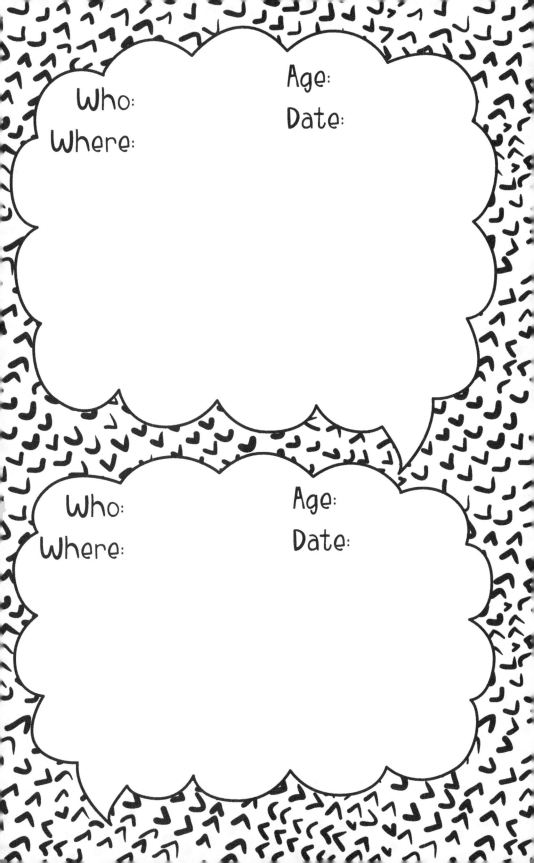

Who:

Where:

Age:

Date:

Who:

Where:

Age:

Date:

Who: **Age:**

Where: **Date:**

Who: **Age:**

Where: **Date:**

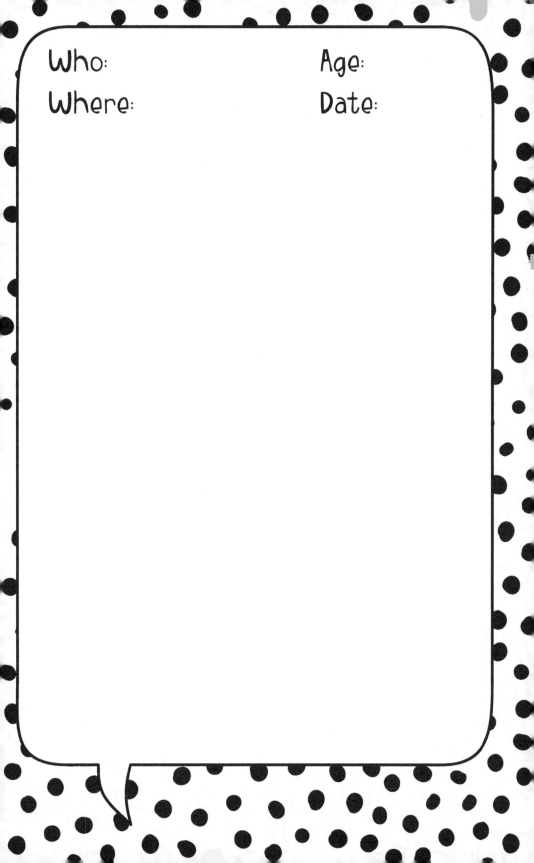

Who: Age:

Where: Date:

Who: **Age:**

Where: **Date:**

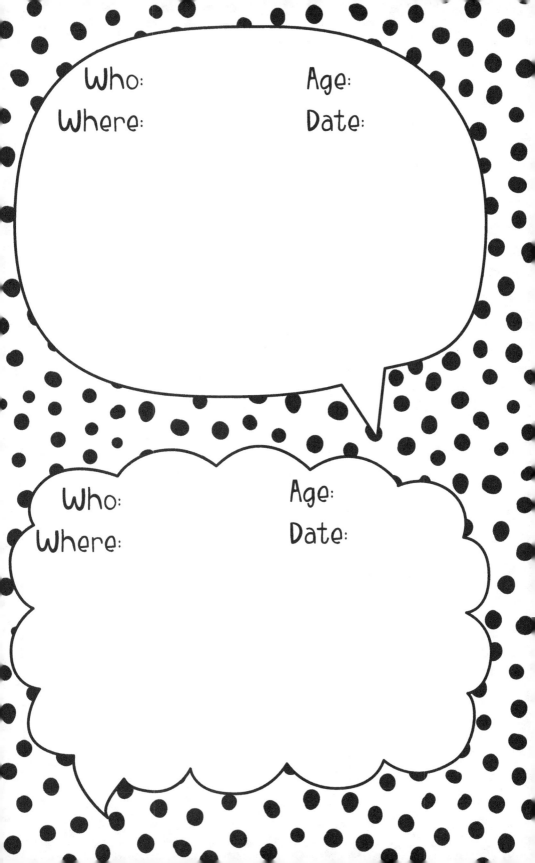

Who: Age:
Where: Date:

Who: Age:
Where: Date:

Who:

Age: Date:

Where:

Who:

Age:

Where:

Date:

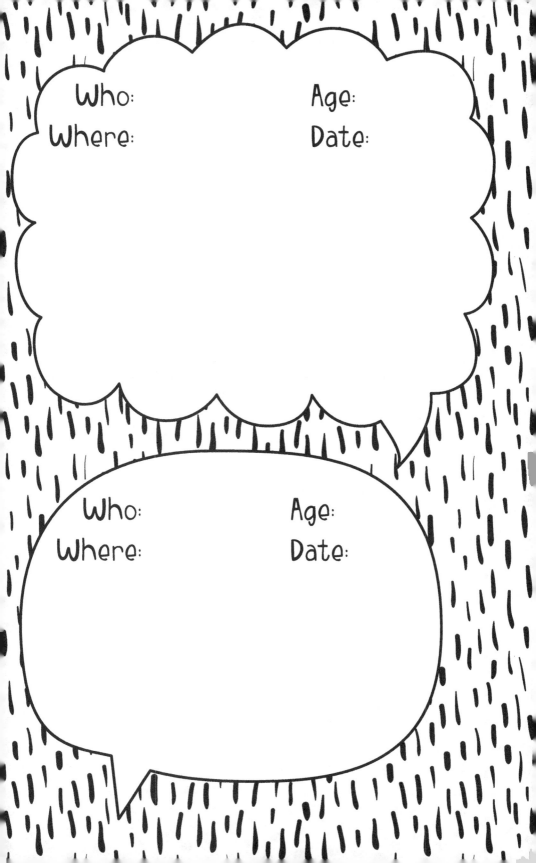

Who: Age:
Where: Date:

Who: Age:
Where: Date:

Who: Age:
Where: Date:

Who: Age:
Where: Date:

Who: Age:

Where: Date:

Who:

Where:

Age:

Date:

Who:

Where:

Age:

Date:

Who: Age:

Where: Date:

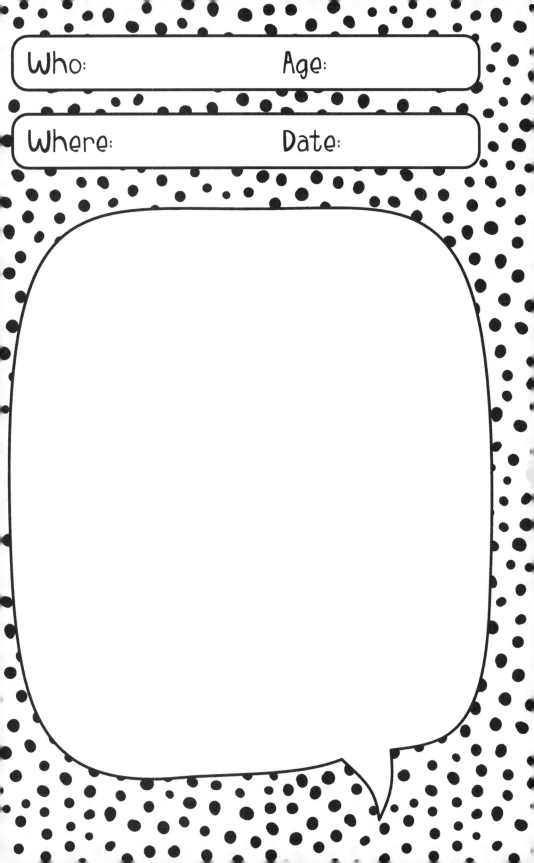

Who:

Age:

Where:

Date:

Who:

Where:

Age:

Date:

Who:

Where:

Age:

Date:

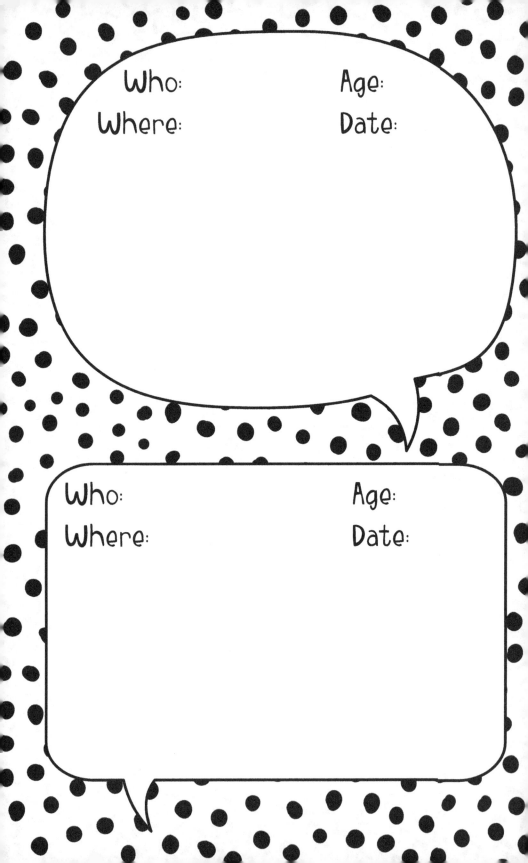

Who: Age:
Where: Date:

Who: Age:
Where: Date:

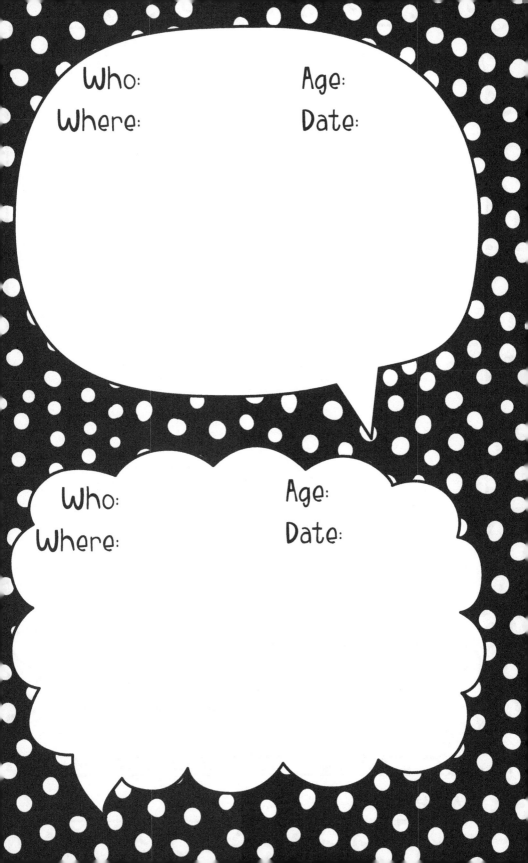

Who:

Age: Date:

Where:

Who:

Where:

Age:

Date:

Who:

Where:

Age:

Date:

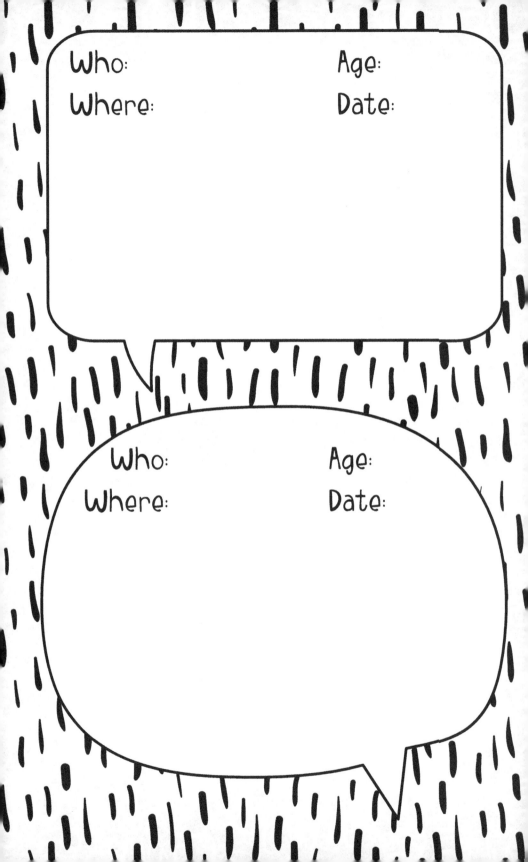

Who:

Where:

Age:

Date:

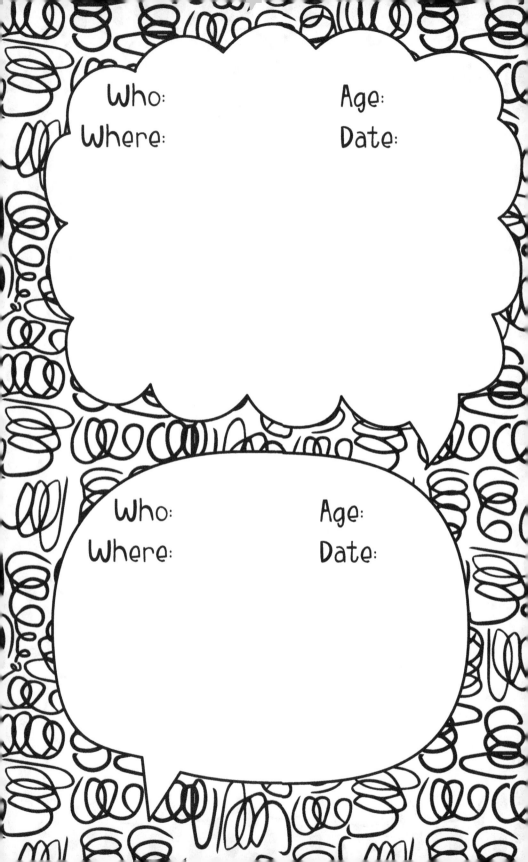

Who: Age:

Where: Date:

Who: Age:

Where: Date:

Who: _____   **Age:** _____

Where: _____   **Date:** _____

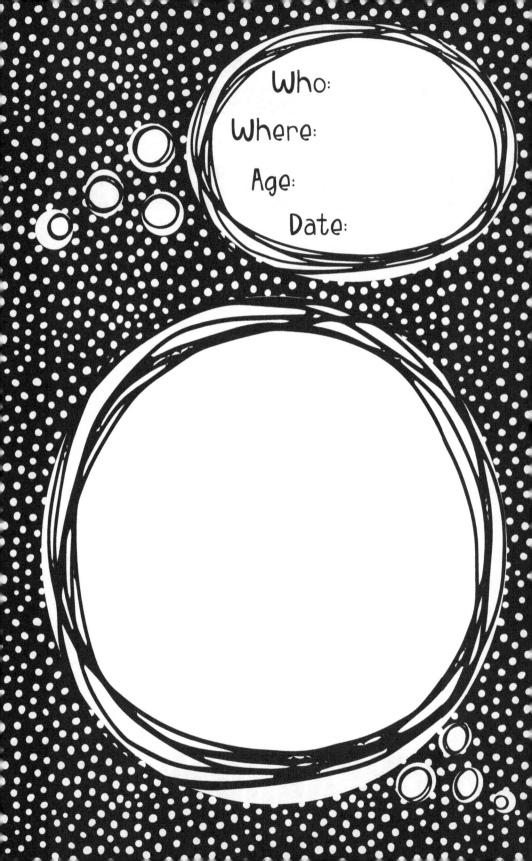

Who:

Where:

Age:

Date:

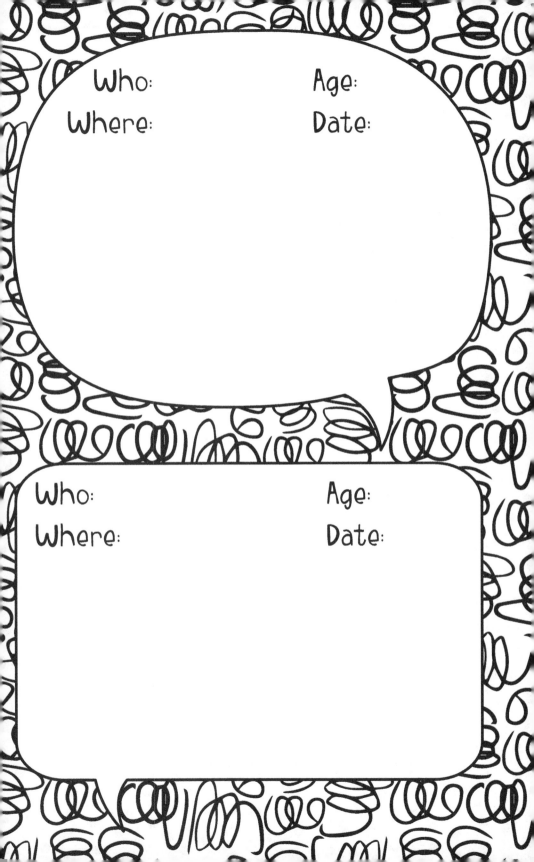

Who: Age:

Where: Date:

Who: Age:

Where: Date:

Who: Age:

Where: Date:

Who:

Where:

Age:

Date:

Who:

Where:

Age:

Date:

Who: Age:

Where: Date:

Who: Age:

Where: Date:

Who: Age:

Where: Date:

Who:

Age:

Where:

Date:

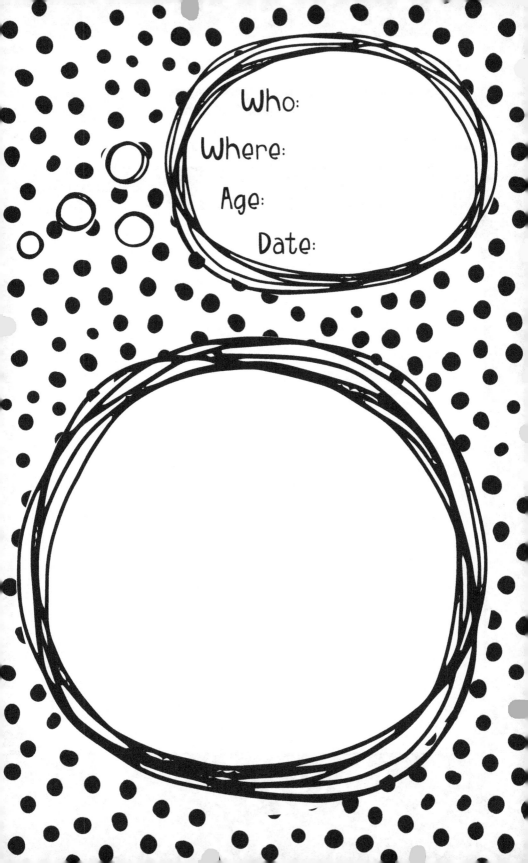

Who:

Where:

Age:

Date:

Who: Age:

Where: Date:

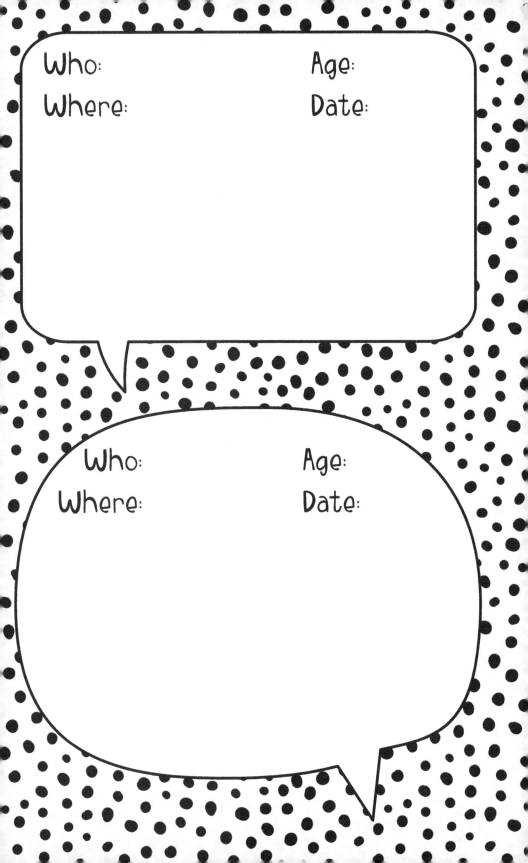

Who: Age:
Where: Date:

Who: Age:
Where: Date:

Who: Age:
Where: Date:

Who: Age:
Where: Date:

Who:

Age: Date:

Where:

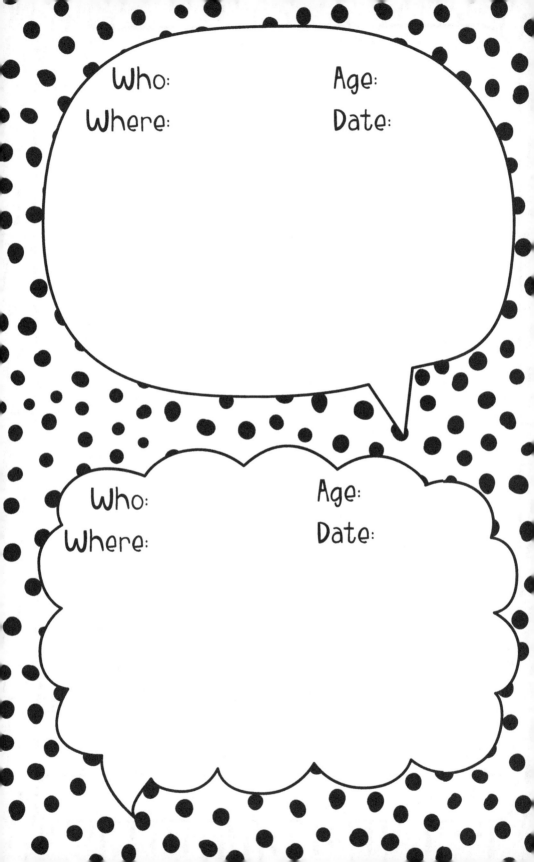

Who: **Age:**

Where: **Date:**

Who: Age:
Where: Date:

Who: Age:
Where: Date:

Who:

Age:

Where:

Date:

Who:

Where:

Age:

Date:

Who:

Where:

Age:

Date:

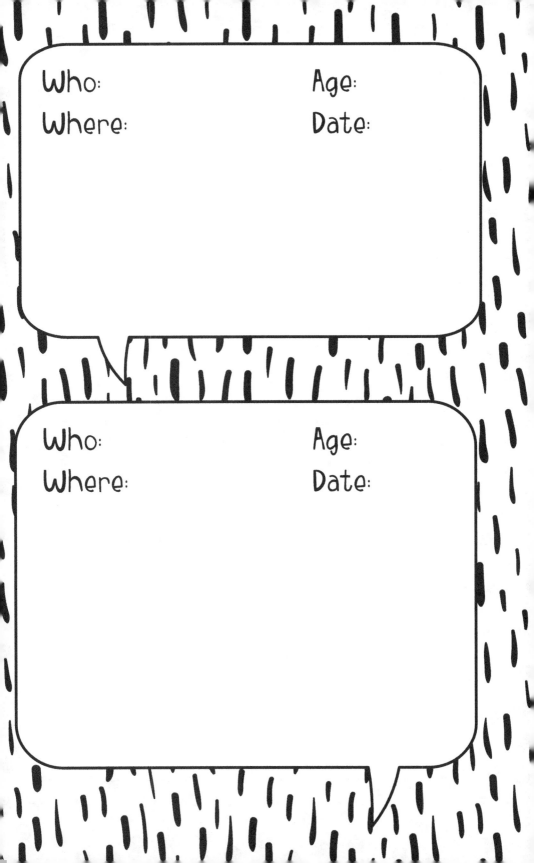

Who: Age:
Where: Date:

Who: Age:
Where: Date:

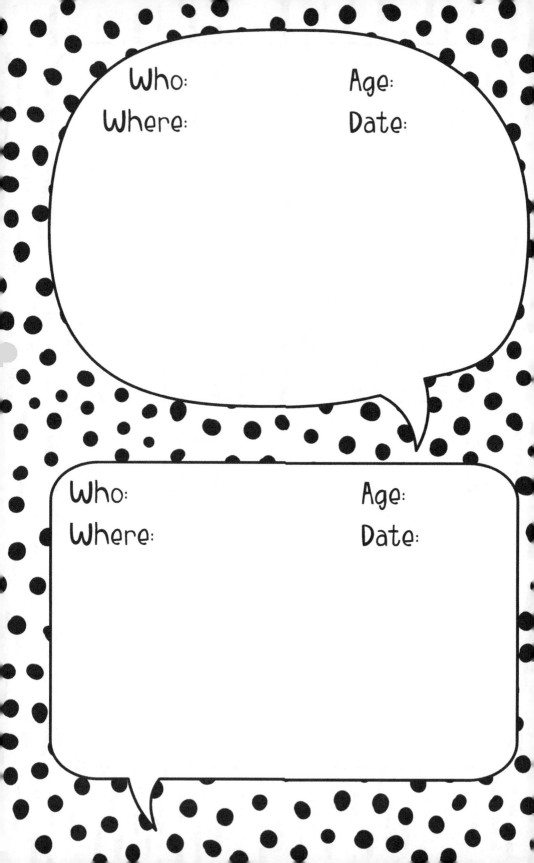

Who: Age:
Where: Date:

Who: Age:
Where: Date:

Who: Age:
Where: Date:

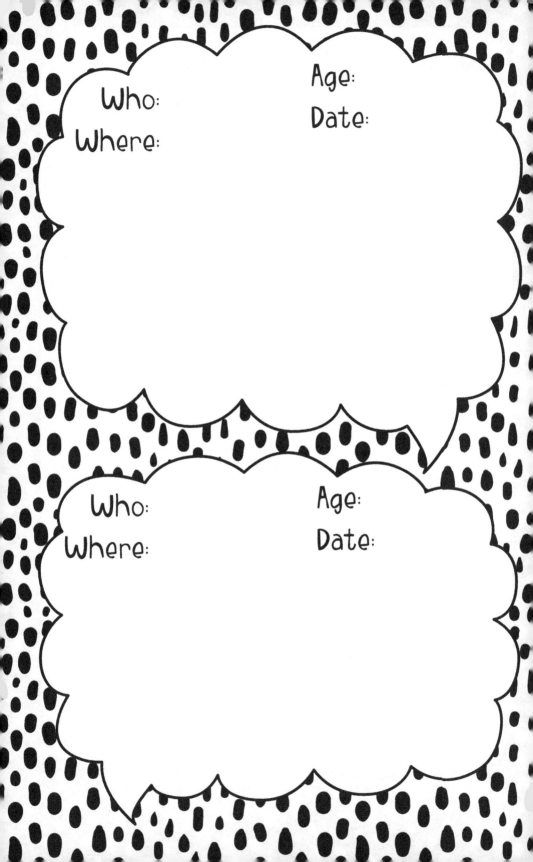

Who:

Where:

Age:

Date:

Who:

Where:

Age:

Date:

Who:

Age: Date:

Where:

Who: Age:

Where: Date:

Who: Age:

Where: Date:

Who:

Age: Date:

Where:

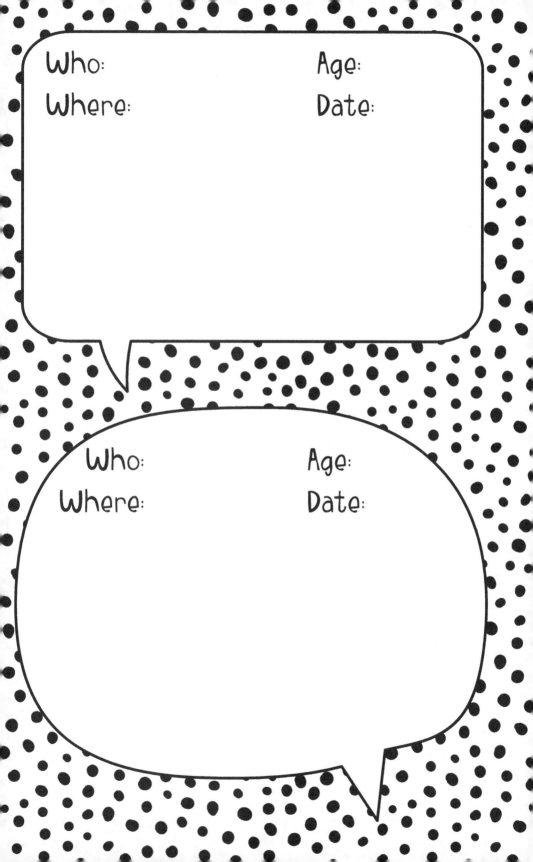

Who: Age:
Where: Date:

Who: Age:
Where: Date:

Who:

Age: Date:

Where:

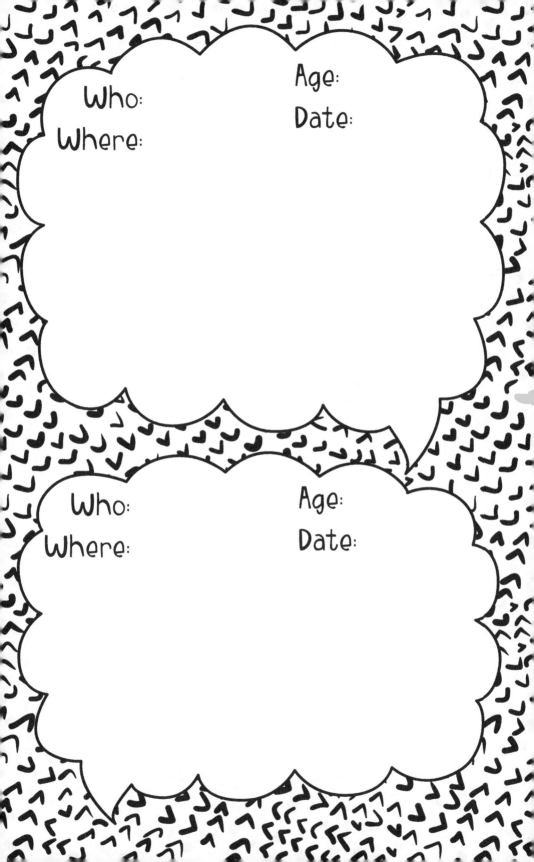

Who:

Where:

Age:

Date:

Who:

Where:

Age:

Date:

Who: **Age:**

Where: **Date:**

Who: **Age:**

Where: **Date:**

Who: Age:

Where: Date:

Who: **Age:**

Where: **Date:**

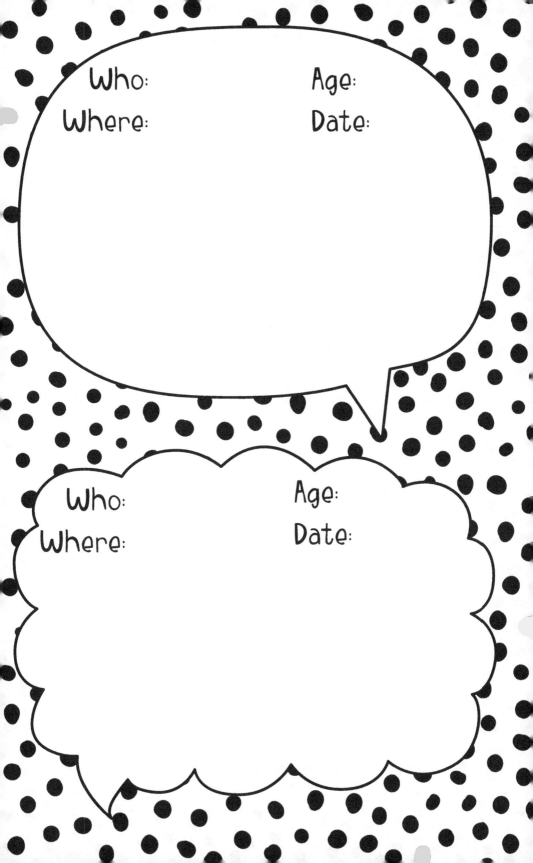

Who: **Age:**

Where: **Date:**

Who: **Age:**

Where: **Date:**

Who:

Age: Date:

Where:

Who: Age:

Where: Date:

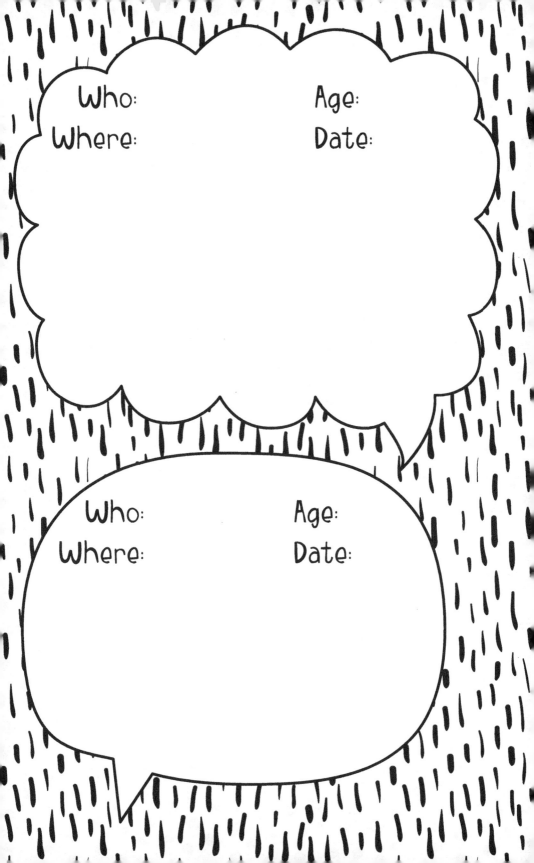

Who:

Age:

Where:

Date:

Who:

Age:

Where:

Date:

Who: **Age:**

Where: **Date:**

Who: **Age:**

Where: **Date:**

Who: **Age:**

Where: **Date:**

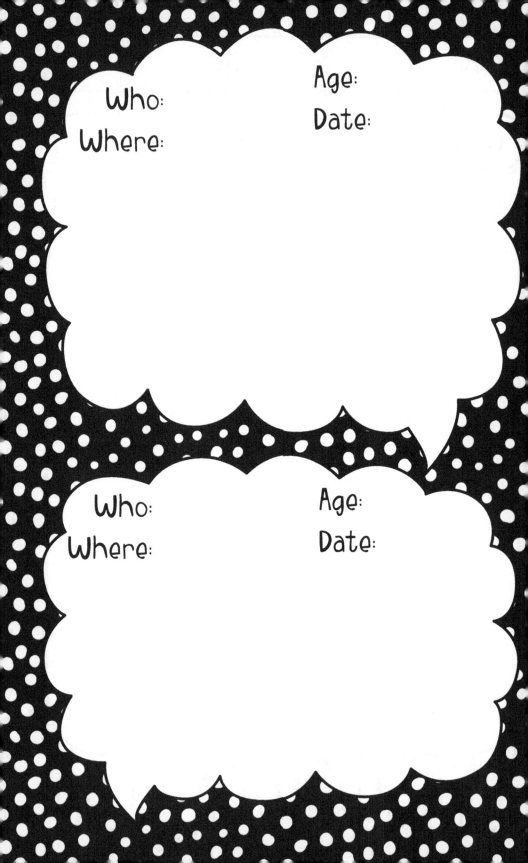

Who:

Where:

Age:

Date:

Who:

Where:

Age:

Date:

Who: Age:

Where: Date:

Who: Age:

Where: Date:

Made in the USA
Monee, IL
13 December 2022

21689450R00057